LAS HUELLAS DEL ESTRÉS EN EL CUERPO

LAS HUELLAS DEL ESTRÉS EN EL CUERPO

Una proximación biológica a las improntas

Paloma Vicens Calderón

Haka Books
e-ditions

TÍTULO: *Las huellas del estrés en el cuerpo.*
Una aproximación biológica a las improntas
AUTORA: *Paloma Vicens Calderón©, 2023*
COMPOSICIÓN: *HakaBooks - Optima cuerpo 12*
DISEÑO DE LA PORTADA: *Hakabooks - Creado con IA©*
FOTOGRAFÍA PORTADA: *Hakabooks - Creado con IA©*

1ª EDICIÓN: *diciembre 2023*
ISBN: *978-84-10173-02-6*
DEPÓSITO LEGAL: *B 22443-2023*

HAKABOOKS
08204 Sabadell - Barcelona
☎ *+34 680 457 788*
🏠 *www.hakabooks.com*
✉ *editor@hakabooks.com*
f *Hakabooks*

ÍNDICE

A mi mamá y mi papá, a mis Guías.
Gracias por vuestra impronta en mi corazón.

AGRADECIMIENTOS

La idea de escribir este libro se la debo agradecer a las personas que compartieron aula conmigo todos estos años; a las que compartieron conmigo experiencias de formación vivenciales en las que aprendí a escuchar de nuevo mi cuerpo; y a aquellas personas con las que he compartido mi intimidad; amigas y amigos, que me ayudaron a crecer cuando aún no sabían ellas tampoco tenerse en pie. Juntas crecimos y juntas seguimos caminando. También a mi amado exmarido (palabro que podríamos diseccionar hasta quitarle el sentido de existencia), con quien aprendí a profundizar en el análisis político, social y económico de la propia existencia. Y desde luego, se la debo también a mi familia. A mis primos Raúl (mi "yo" hecho hombre y no mujer, ¿o es al revés?), Carlos y Cristina, que me enseñaron en sus propias carnes lo que es la resiliencia y el amor a la familia. A mis hermanas (¡qué hermosa palabra!), con las que crecí entre risas y llantos amargos; mi hermana Olga, que me enseñó la curiosidad y el amor por la palabra escrita en todos sus formatos; mi hermana Sonia, que sin saberlo me enseñó a verme y encontrarme; a mi madre y sus "ancestras" (revindicamos la feminización de este término), que me enseñaron la fortaleza y la rebeldía; a mi padre y sus ancestros, que me enseñaron la complejidad de lo simple y básico, que la vida es lo que es. Y a mis psicólogas, Micaela, Natalia y María, que me acompañaron en mi largo viaje hacia el crecimiento personal. No puedo olvidar, como ellas me enseñaron, que la historia de mi vida, y de este libro con ella, me la debo a mí misma, que tuve el coraje de existir tal cual soy a pesar de todo lo que se me puso en contra.

A todas y cada una de vosotras, a todos y a cada uno de vosotros: Perdón, lo siento, gracias, os amo.

PRÓLOGO

Este libro es un traductor del plano invisible del estrés, aquel que ocurre en el silencio del interior del cuerpo, donde nuestros sistemas luchan por mantener un equilibrio que será la marca individual que moldeará a cada persona.

Es un traductor de la complejidad de los procesos de alerta que transita nuestro cuerpo, creado desde la sencillez, la claridad y la profundidad que posibilita la expertez de la autora en el terreno y el amor hacia el ser humano y su entendimiento que se respira en sus páginas.

Nos brinda un viaje de comprensión del estrés como modelador y constructor de la experiencia somática y de la función creativa de la forma, entendiéndola desde un plano psico-neuro-inmuno-endocrino en el que la persona pulsa, buscando adaptación, enredándose en los retos de la súpervivéncia desde una perspectiva ámplia, que irá madurando en cada uno de los recovecos de su cuerpo físico, emocional y energético. Dejando huella...

En este libro podrás encontrar la historia de nuestro espacio somático. Mirado con respeto y admiración, con curiosidad y en la perspectiva del tiempo. En él se diagrama el relato desde antes del nacimiento y a través de los aspectos dolorosos del desarrollo, atendiendo al impacto de la alerta desde una perspectiva endocrina y epigenética que va empujando la transformación, el desarrollo y la autorrealización de la persona. Podrás leer como nuestro organismo aprende a adaptarse a la vida en un baile complejo de sus sistemas, en un diálogo, más o menos afortunado, en el que irán claudicando algunas defensas y se afianzarán otras, mientras atendemos a las demandas del exterior y nos sumergimos en la búsqueda continua de, con palabras de la autora, "lo que "es mejor para el conjunto".

Este libro ha logrado fusionar de una manera brillante la teoría del modelo Somato-sensorial con el concepto de estrés y todos los procesos que resultan de su experiencia. Repasa las improntas somáticas desde lo pre y perinatal, atendiendo a la asimilación de la información que se da alrededor de la gestación, la función endocrina del feto y los efectos de programación a los que está expuesto, la realidad emocional de la madre y el procesamiento del sostén y las fronteras que ofrece el útero. Aquí la placenta no se concibe sólo como un espacio de nutrición física, se entiende como una realidad que aporta alimento emocional, que recibe el impacto del estrés y que lo transmite al feto, como un nutriente más.

Desde ahí, nos habla del impacto de la gestión del miedo y los niveles de glucocorticoides que determinan la activación de la respuesta fisiológica resultante de esta emoción. Y nos muestra la relación entre todas estas experiencias tempranas y la adopción de determinadas improntas asimilativas que irán dibujando la expresión más antigua de nuestra personalidad, el temperamento.

Es un placer, y un alivio, entrar en un plano tan fisiológico sin que éste quede compartimentado y fragmentado, leerlo desde una mirada inclusiva y amable, que entiende la vida como un todo, un conjunto de conjuntos que interactúan entre sí. Es admirable la manera en la que se logra incluir lo psicocorporal, el amor y la trascendencia en una temática que siempre ha tenido la tendencia a ser explicada de manera academicista y pragmática. Me produce una admiración inmensa ver cómo la autora ha logrado hacer este proceso de relación e integración, fruto de la misma mirada con la que ella vive la psicoterapia y acompaña a personas que pueden nutrirse de su vocación.

En el equilibrio entre la salud y la enfermedad, en la pulsación entre lo físico y lo emocional, entre la mirada interna, y la visión externa, tangible,... ahí, en ese espacio infinito de posibilidades entre las que el ser humano se va construyendo y va interpretando la vida, la autora ha puesto su propia magia para resumir la complejidad del estrés y sus procesos en lo Somato-sensorial, ampliando la mirada del modelo en el plano de las palabras silenciosas de nuestros sistemas profundos.

En este libro se ha logrado transformar la huella del miedo en un paso firme hacia una comprensión profunda, integradora y humanista del estrés. Una posibilidad de conciencia que nace de la esencia de la propia vida.

María Beltrán. Agosto 2023

INTRODUCCIÓN

Este librito que hoy tienes en tus manos es fruto y semilla. Fruto de mis años de vida y aprendizaje, que es lo mismo, pero no es igual. Y semilla de lo que espero algún día sea otro libro más extenso. Ambos, fruto y semilla, se lo debo, en parte, a dos grandes maestras. El fruto se lo debo a María Beltrán, que me pidió un trabajo final de máster en el que reflejara cómo aplico lo aprendido en Psicoterapia corporal somatosensorial en mi día a día, en mi trabajo o en mi vida. La semilla se la debo a Mar Cegarra que me recordó la importancia de los puentes entre disciplinas, entre ideas, entre personas, entre países. Las dos me llevaron de la mano a las profundidades del cuerpo y del alma, en un viaje en espiral hasta el infinito y más allá. Con Mar mi mirada se centró en las funciones de carácter, con María pude ir un poco más allá, hasta las profundidades del útero materno. Cuando estaba en sus clases, mi mente no paraba de hacer conexiones, puentes, links. Y aquí están todos esos puentes. A ambas les doy las gracias de todo corazón.

¿De qué va esto de Las huellas del estrés en el cuerpo? A veces aún me lo pregunto yo misma. Este libro va de poner orden, al menos en parte, orden a mis ideas y pensamientos; va de relacionar lo que sé de biología, lo que he aprendido de ella, con el desarrollo del ser humano desde una perspectiva humanista, es decir, holista e integradora, que supere de verdad el dualismo que no es más que otra de las formas del patriarcado con la que escindimos nuestra existencia, perdiendo contacto con nuestra esencia. Creo que la pretensión de este trabajo es la de conectar biología y psicología, cuerpo y psique. A mi modo de ver, el ser humano cuenta con un sistema de alerta, de seguridad/inseguridad, que es previo incluso a cualquier necesidad, por más básica que sea. Ese sistema es lo que conocemos como respuesta fisiológica de estrés. Esta se va activando a lo largo del tiempo, una y otra vez, y va dejando su huella en nuestro cuerpo, una huella que da forma a lo que somos corporalmente, a cómo percibimos, sentimos, interpretamos y actuamos en el mundo; una huella que corporiza nuestra psique de una manera peculiar y única en cada una de nosotras y de nosotros.

Este libro es un intento de aproximarnos a esta mirada de la historia de cualquier ser humano. Espero, y deseo, que el intento no sea del todo frustrado. Pero no soy yo quien ha opinar, así que lo dejo en vuestras manos.

CONCEPTO Y TIPOLOGÍA
DE LAS IMPRONTAS

Antes de iniciarnos en las posibles implicaciones de la respuesta fisiológica de estrés en la aparición de improntas en el ser humano debemos adentrarnos en este concepto desde la perspectiva integradora humanista que nos aporta la propia autora María Beltrán, psicóloga sanitaria y psicoterapeuta, en su libro "Psicoterapia corporal integradora humanista. Teoría y práctica somatosensorial" (2022). En él podemos leer: " La impronta temprana es el primer vestido que se tejió en nuestra piel, es nuestra historia en una voz no hablada, en el lenguaje de lo somático" Es decir, la impronta es una huella o marca en el soma, en el cuerpo de la persona. Esta marca, desde esta perspectiva integradora humanista, es tanto un espacio de sufrimiento como de fortaleza; aspecto especialmente revelador y relevante a la hora de la intervención terapéutica. Además, la impronta somática se entiende como "una característica individual, peculiar y distintiva de una persona, […], pero con memoria emocional implicada" (Beltrán, 2022).

No entraremos a definir en detalle cada tipo de improntas, pero sí recordaremos que existen, a grandes rasgos, dos tipos: las improntas asimilativas y las generativas, siendo la principal diferencia entre ambas que en las primeras el sujeto en que se imprime la huella no participa de la misma, simplemente asimila la marca, introyecta la información sin capacidad suficiente para intervenir de ninguna manera (período perinatal hasta el primer año de vida). Sin embargo, en las improntas generativas ya existe una participación de la propia persona en que se imprime la marca, hay una creación por parte del sujeto a partir de su propia interpretación del mundo.

Basándonos en Beltrán (2022), hemos elaborado la siguiente tabla (Tabla 1) en la que se muestra un resumen de los diferentes tipos de improntas que van dando forma a quienes somos como humanos a lo largo de nuestro desarrollo.

IMPRONTAS ASIMILATIVAS		IMPRONTAS GENERATIVAS	
Útero y nacimiento	*Exterogestación*	*Exterogestación*	*Desarrollo*
Frontera primaria	Frontera primaria (impulso agresivo)	Frontera secundaria en Dentición	Función de Carácter
Sostén primario	Sostén secundario en Handing (impulso tierno)	Frontera secundaria en Grounding	Dominio del propio cuerpo (Vitalidad y placer)
Tránsito del nacimiento	Sostén secundario en Contención (impulso tierno)	Sostén de Diferenciación	Cicatrices
			Otras: Síntomas somáticos y enfermedades sistémicas

Tabla 1: *Tipos de improntas. Inspirada en Beltrán (2022).*

LA RESPUESTA FISIOLÓGICA
DE ESTRÉS

La respuesta fisiológica de estrés hace referencia al conjunto de procesos que se ponen en marcha ante situaciones que percibimos como estresantes, es decir, situaciones que percibimos como una amenaza, real o imaginaria. Fuera de la objetividad que permite hablar de la fisiología del cuerpo humano, el término estrés es uno de los más controvertidos o, cuando menos, de los más complejos de acotar. A nuestro modo de ver, uno de los grandes problemas con términos como estrés u otros de la psicología, en concreto, es el salto que han dado a la calle, donde se utilizan con una "ligereza" cuando menos preocupante. Aunque no sólo la calle. Sin entrar en juicios, también en el ambiente médico, cuando una persona profesional de la medicina se dedica a diagnosticar y recetar ansiedad y depresión en los 7 minutos que le concede el sistema (lamento profundamente esta situación y entiendo lo complejo que debe ser para los y las profesionales del ámbito), estamos cayendo en un grave error de simplificación de las cosas. El sistema social, socio-económico y sociopolítico en que vivimos tiene mucha responsabilidad en el desarrollo de tales trastornos hoy en día. No estaría de más que nos hiciéramos el planteamiento de cómo aportar nuestro granito de arena en la verdadera democratización de la salud, el conocimiento, el amor y los recursos económicos y de todo tipo.

Al margen de la digresión, y retomando la complejidad del término, cabe mencionar que el concepto surge en el ámbito de la física para referirse a la relación existente entre la aplicación de una fuerza externa sobre un objeto y la distorsión resultante de las cualidades de este, que dependerán de la intensidad de la fuerza y de las propiedades estructurales del objeto (fatiga de los materiales). Esa distorsión podrá deformar o romper el objeto sobre el que se aplicó la fuerza. Más cercano a nuestro ámbito concreto, fue Hans Selye, allá por los años 1950, quién utilizó el término para hablar de la reacción natural y necesaria del organismo mediante una serie de respuestas fisiológicas, ante una agresión externa, normalmente de carácter físico y biológico. Selye usaba el término para explicar el Síndrome General de Adaptación que padecían las personas ante la presencia de tensión física o emocional. Posteriormente, surgió la Teoría del Eustrés/Distrés de Gutiérrez (1998) con la que se pretende dar entender la importancia de atender a los aspectos positivos (eustrés) para aminorar los efectos del estrés negativo (distrés). Una idea interesante a tener en cuenta en la intervención terapéutica.

En el ámbito de la Psicología y a nuestro modo de entender, una de las definiciones que más nos parece encajar, por la amplitud de factores que incluye, es la que ofrecieron Carmen Sandi y colaborades (2001), en la que hablan del estrés como una "situación en la que el sujeto percibe dificultades o incapacidades en sus recursos para dominar o superar ciertas demandas, externas o internas, y que supone la activación fisiológica de la respuesta de estrés característica". Así pues, que una determinada situación nos resulte estresante depende de varios factores. Por un lado, el estímulo y el contexto en que este se presenta, es decir, la situación en sí misma. Por otro, la percepción que el sujeto tiene de ella y de sus propios recursos o estrategias de afrontamiento. Y no sólo eso, depende de la percepción que el sujeto tiene de control de la situación, es decir, de si se considera capaz de dominar o superar la situación. Todo ello, desencadenará una activación concreta, la respuesta fisiológica de estrés, que tendrá unas consecuencias para el sujeto, quien aprenderá de dicha situación cómo entender y enfrentar situaciones semejantes.

En sí misma, la respuesta fisiológica que se desencadena invariablemente implica el sistema psiconeuroinmunoendocrino, es decir, implica el funcionamiento global del ser humano. Por un lado, implica procesos psicológicos, entre otros, la percepción, consciente o inconsciente, de la situación como amenazante. Implica el sistema nervioso central, en sus estructuras y circuitos pertinentes requeridos para la percepción y procesamiento de la situación. Implica estructuras del sistema nervioso central que actúan sobre la glándula maestra y desencadenan la respuesta a nivel endocrino. Esta, a su vez, actúa sobre el sistema nervioso vegetativo. Todo ello, y por diferentes vías, actúa sobre el sistema inmune periférico, pudiendo incluso alcanza el sistema inmune central. Obviamente, esto ocurre en una intrincada red de comunicación en todas direcciones. El balance final dependerá de la "fuerza" de cada conexión, de cada información que se va recibiendo y procesando y del equilibrio dinámico que el organismo va a ir buscando y alcanzando, nos lleve este a la salud o a la enfermedad (dicho de una manera simple). Si entendemos de este modo el funcionamiento del cuerpo humano, entenderemos la relación entre todo lo que acontece en él y, por tanto, también en las improntas que van forjando su apariencia y modo de funcionar psicológicamente.

En el siguiente esquema gráfico (Fig.1) representamos la respuesta fisiológica de una manera simple y abreviada, reduciéndola a la propia actividad del llamado eje del estrés, el eje Hipotálamo-Hipófiso-Adrenal (HHA) [también conocido como HPA, hipotálamo-pituitario-adrenal].

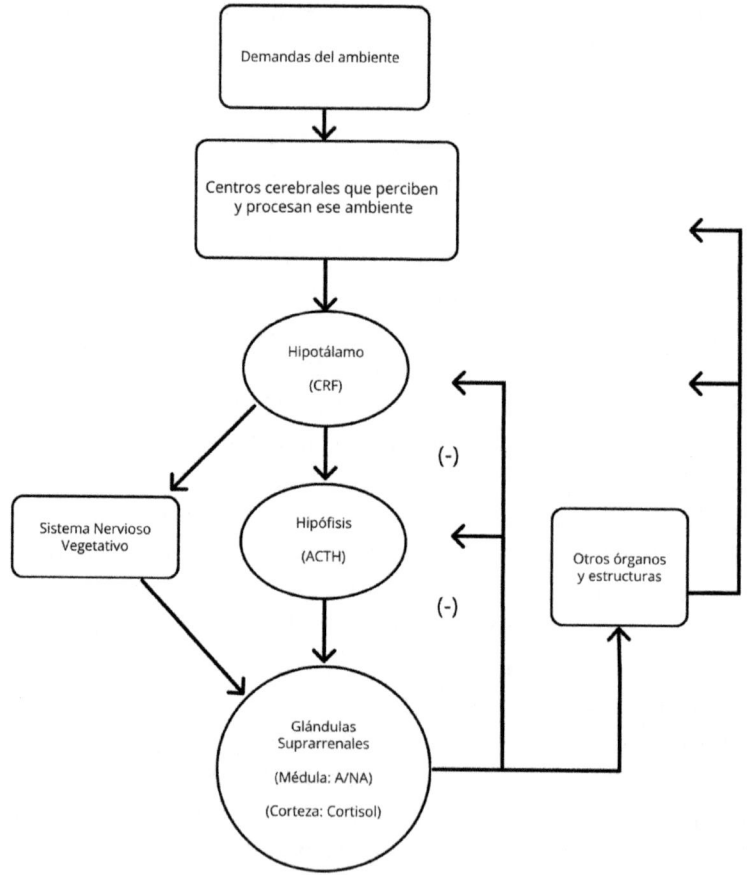

Figura 1: *La respuesta fisiológica de estrés. CRF= Factor de liberación de la corticotropina; ACTH = Hormona liberadora de corticotropina; A = Adrenalina; NA = Noradrenalina*

Básicamente, la información de los distintos centros cerebrales que están percibiendo y procesando el ambiente, acaban activando el Hipotálamo que libera el Factor de liberación de la corticotropina (CRF). Este actúa sobre los receptores ubicados en la Hipófisis y activan en ella la liberación de la hormona adrenocorticotropa (ACTH o corticotropina). La ACTH es captada por los receptores de las glándulas suprarrenales y provocan la activación de la liberación de Cortisol desde la corteza (zona central) de las glándulas. Al mismo tiempo, la propia activación del Hipotálamo activa el sistema nervioso vegetativo donde impera la actividad de la rama simpática que activará la médula de las glándulas suprarrenales, haciendo que esta libere adrenalina y noradrenalina. Todo el baile de hormonas desencadenado entrará a la circulación sanguínea, alcanzando diferentes órganos diana y centros cerebrales que irán modificando su actividad y regulando la propia respuesta al ambiente. Los niveles de adrenalina y noradrenalina irán regulando la actividad de las ramas simpática y parasimpáticas del sistema vegetativo. Por su parte, los niveles de cortisol activan la retroalimentación negativa del propio eje HHA, es decir, llegado cierto nivel se irá reduciendo la propia secreción de cortisol hasta devolver la actividad al estado basal, si así lo permiten las condiciones.

Precisamente esta será una cuestión fundamental que determinará si el equilibrio alcanzado es más o menos saludable. Nos referimos al hecho de que la activación del eje y todas sus derivaciones permanezca en mayor o menor grado o se detenga definitivamente. Esta idea nos lleva directamente a la cuestión de la "carga alostática" que la activación repetida de esta respuesta puede ir produciendo. Para explicarlo, introduciremos primero el concepto de alostasis, por comparación con el de homeostasis, por ser este más conocido y sencillo de entender.

En primer lugar, no debemos olvidar que la activación del eje HHA se produce de dos maneras diferentes, fásica y tónica. Esta última es la activación circadiana del eje, es decir, la actividad rítmica de aproximadamente 24h que presenta este eje y que nos lleva a iniciar el día con un pico de cortisol entre las 6 y las 8h de la mañana, que nos permitirá afrontar el día. La activación fásica, sin embargo, es la que se produce en respuesta a los estresores, es decir, a las demandas del ambiente (recordemos que por ambiente nos referimos tanto al externo como al interno). Esta actividad es la que puede desregular el eje e ir produciendo carga alostática.

Todas entendemos, al hablar de homeostasis, que existe un punto de equilibrio óptimo para el sistema y que este será el punto que, invariablemente, el sistema irá a buscar. Este mecanismo se considera válido, hoy por hoy, para varios procesos fisiológicos, generalmente, aquellos procesos que son imprescindibles para la vida. Sin embargo, al hablar de la actividad del eje HHA, este concepto "quedaría corto". El mayor conocimiento científico actual del funcionamiento de nuestro propio organismo ha llevado a plantear la idea de la estabilidad a través del cambio. Y de aquí el concepto de alostasis. Si bien la homeostasis plantea una forma de regulación que sería más bien "pasiva", la alostasis implicaría la regulación activa de los procesos, en concreto del eje HHA. Esto es, el punto de equilibrio óptimo se modificaría en función de las demandas. No se trata de corregir sino de adaptarse y esto es algo en lo que nuestro organismo es experto. Si seguimos esta idea de la adaptación a la demanda, entenderemos que el organismo, en su búsqueda de lo que "es mejor para el conjunto", modificará los parámetros iniciales si es necesario y estaríamos ante un proceso alostático. El asunto importante que no hay que perder de vista en este caso es, precisamente, que esa modificación implica modificaciones en todo el sistema que pueden ir generando lo que llamamos "carga alostática" es decir, las pequeñas modificaciones de hoy son ya una influencia importante en la demanda de mañana, para bien y para mal. Ya lo planteaba la teoría general de sistemas de Von Bertalanfy (1968), si modificamos una pieza del sistema, el resto tendrá que modificarse también.

Es esta la posible explicación por la que la activación repetida o intensa del eje HHA puede conducir a estados del organismo que definimos como enfermos, insanos o no saludables y que pueden requerir la atención de la profesional de la salud pertinente. Visto desde un lugar más amplio, creo que también podríamos entenderlo como un paso más en el proceso de la vida, nos lleve este a donde nos lleve (que bien mirado siempre será el mismo punto).

Así entendido, es bastante clarificador, al menos desde nuestro punto de vista, el modelo transdisciplinar propuesto por Epel y colaboradores (2018). En la figura 2 podemos ver un resumen de este, modificado a partir del esquema de los propios autores.

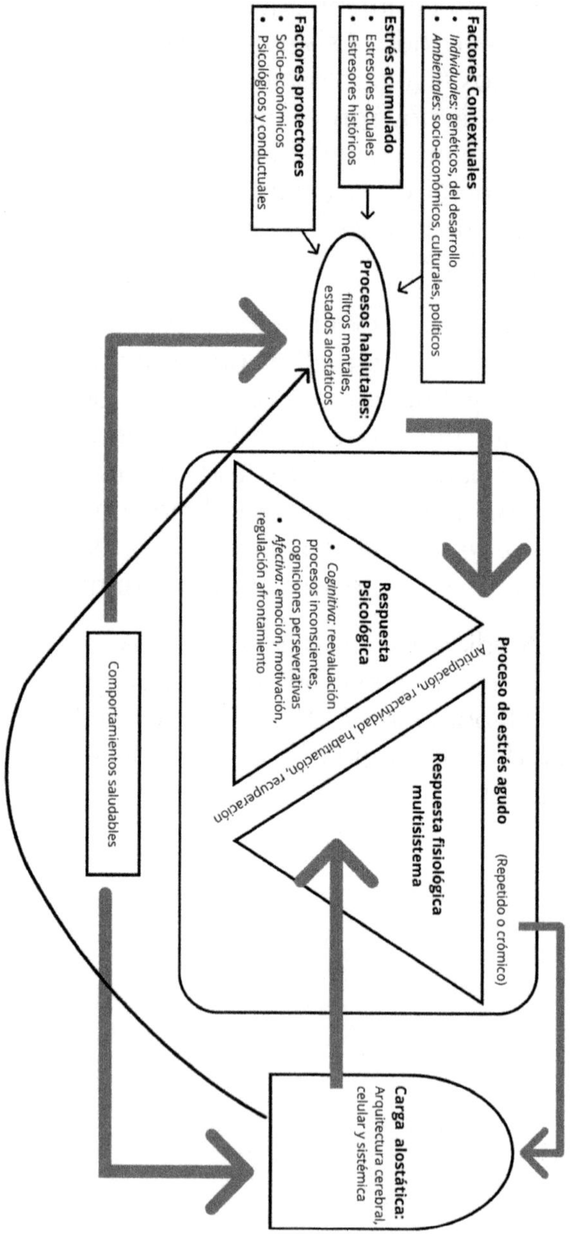

Factores Contextuales
- *Individuales:* genéticos, del desarrollo
- *Ambientales:* socio-económicos, culturales, políticos

Estrés acumulado
- Estresores actuales
- Estresores históricos

Factores protectores
- Socio-económicos
- Psicológicos y conductuales

Procesos habituales: filtros mentales, estados alostáticos

Proceso de estrés agudo (Repetido o crónico)

Anticipación, reactividad, habituación, recuperación

Respuesta Psicológica
- *Cognitiva:* reevaluación procesos inconscientes, cogniciones perseverativas
- *Afectiva:* emoción, motivación, regulación afrontamiento

Respuesta fisiológica multisistema

Comportamientos saludables

Carga alostática: Arquitectura cerebral, celular y sistémica

Figura 2: *Modelo transdisciplinar de estrés. Adaptado de Epel y cols. 2018.*

Para una explicación detallada es mejor acudir a la fuente original, sin embargo, nos gustaría destacar la visión holística que el modelo plantea y con el que no podemos estar más que de acuerdo.

ALGUNAS CUESTIONES SOBRE EL DESARROLLO DEL EJE HIPOTÁLAMO-HIPÓFISO-ADRENAL

Teniendo en cuenta que el presente trabajo trata de explicar el papel que la activación del eje del estrés pueda tener en la generación de improntas perinatales y del desarrollo, nos parece imprescindible abordar algunas cuestiones sobre la función endocrina en el feto, siguiendo a Carlson (2014).

El eje HHA se forma alrededor del segundo mes de gestación, sin embargo, la diferenciación no se produce hasta finales de ese segundo mes e incluso principios del tercero. Esto implica que no alcanza la capacidad intrínseca de sintetizar sus productos hormonales específicos hasta inicios del tercer mes de gestación.

Por su parte, el hipotálamo tiene una influencia limitada sobre la hipófisis hasta la semana 12 de gestación, cuando se establecen vínculos neurovasculares entre ambas estructuras.

La hipófisis, puede producir y liberar hormonas aún en ausencia de estímulos hipotalámicos. Los datos científicos muestran la presencia de hormonas hipofisarias en células epiteliales hipofisarias en torno a las 8 semanas (ACTH) o a las 10 semanas (HL y HFS), aunque en sangre no son detectables hasta un par de meses después.

Con respecto a las glándulas suprarrenales, podemos decir que la corteza fetal experimenta un gran desarrollo y, sin embargo, no conocemos bien sus funciones durante la gestación, si bien es cierto que se ha demostrado su influencia en la maduración de los pulmones, el hígado y el epitelio del tracto digestivo. Ciertas investigaciones señalan que son capaces de producir entre 100 y 200 mg de esteroides cada día (cantidad varias veces superior a la generada por adultas). Poco después del parto, involuciona con rapidez y sólo recupera su valor fetal en el adulto.

La información aportada hasta el momento plantea la posibilidad de que, al menos a partir del tercer mes de gestación, la propia actividad del eje en relación con el ambiente cambiante en el que se desarrolla pueda estar ya modificando e interviniendo en la aparición de improntas. También pone de relieve, sin embargo, la importancia de otras vías de intercambio hormonal que puedan estar afectando incluso previo a la aparición del mismo eje. Entre esas otras vías estará, sin lugar a duda, la placenta, que puede sintetizar y liberar muchas hormonas, convertir las producidas por otras glándulas en formas activas e intercambiar otras hormonas con la circulación materna.

EL PAPEL DEL ESTRÉS EN LA APARICIÓN DE IMPRONTAS ASIMILATIVAS

Una impronta asimilativa es la huella que deja impresa en nuestro cuerpo (tanto si se ve físicamente como si no, tanto si es una característica física como una expresión humana de cualquier tipo) nuestra historia personal en el útero que nos da cobijo (o eso se espera) durante el desarrollo embrionario y el primer año de vida extrauterino, aproximadamente. Podríamos decir que previo a este hecho, incluso, las creencias de nuestros padres, las vivencias y experiencias que ellos tienen con respecto al tema de la concepción y la crianza, y muchos otros aspectos, ya van a ir dejando huella en el nuevo ser en desarrollo. La base para ello podemos encontrarla en un libro maravilloso del Dr. Bruce Lipton (2021) titulado "Biología de la creencia".

Las exposiciones ambientales pueden modificar la fisiología materna y producir, de este modo, los llamados efectos de "programación" en el feto. Estos efectos de programación hacen referencia a las adaptaciones al ambiente prenatal por parte del feto en desarrollo, que pueden o no ser beneficiosas después del nacimiento. Obviamente, si esto es así, podremos detectar vulnerabilidad a la adversidad y/o falta de resiliencia, si la programación en el útero es discordante con el entorno posnatal (Gartstein y Skinner,

2018). En otras palabras, según sea el entorno que postnatalmente se encuentre ese feto en formación, la programación que haya tenido lugar en su organismo a raíz de las exposiciones ambientales a las que ha estado sometida la madre biológica, podrán serle de ayuda o, todo lo contrario; podrán llevarle hacia un extremo u otro del continuo Salud-Enfermedad. Cabe mencionar que cuando hablamos de exposiciones ambientales nos referimos a un sinfín de situaciones o experiencias tales como: estrés materno (tanto físico como emocional), sustancias tóxicas, sustancias o medicamentos psicotrópicos, nutrición (importante aquí entender que hablamos tanto de nutrición física como emocional).

De este modo, a través de la exposición ambiental de la madre el feto también se ve expuesto a diferentes ambientes. Las exposiciones prenatales parecen conferir fenotipos conductuales posteriores a través de mecanismos epigenéticos. Es decir, los estudios demuestran que el ambiente prenatal influye en ciertos patrones de conducta que puede mostrar la persona y que esa influencia se produce a través de mecanismos epigenéticos.

Entendemos por epigenética, todos aquellos factores y/o procesos moleculares alrededor del ADN que regulan la actividad del genoma independientemente de la secuencia del ADN y son mitóticamente estables (Skinner, 2014). En este sentido, hoy por hoy hablamos de procesos como: la metilación del ADN, la remodelación de la cromatina (es decir, la forma del ADN en núcleo), la modificación de histonas (las proteínas estructurales del cromosoma), ARNs no codificantes (aquellos que no codifican proteínas, sino que tiene otras funciones como la transferencia de aminoácidos al ribosoma).

Así pues, la epigenética nos brinda una explicación plausible a la aparición de improntas asimilativas relacionadas con el desarrollo fetal y embrionario que tienen que ver, especialmente, con la frontera y el sostén primarios. Sin embargo, no podemos olvidar que el propio tránsito del nacimiento, al margen de las condiciones ambientales en que pueda tener lugar según las circunstancias de cada madre, es de por sí, una situación estresante para un bebé que ha estado gestándose más o menos apaciblemente en el interior uterino. En este sentido, es importante recordar el Modelo transdisciplinar de Epel y colaboradores (2018) para no perder de vista las implicaciones que esto puede tener. Por su parte, las improntas asimilativas relacionadas con la exterogestación, es decir, aquellas que tienen que ver con la frontera primaria extrauterina y con el sostén secundario van a depender de estos mismos mecanismos, aunque no solo. La forma en que una madre brinda cuidados y amor a su recién nacido depende de sus creencias previas, de su propia función de carácter, del ambiente en que se mueve a nivel socioeconómico y sociopolítico, de la red social que la acompaña y de cómo esa red es capaz de cuidarla y amarla a ella misma. Todas estas cuestiones van a estar activando la respuesta fisiológica de estrés en mayor o menor medida y van a estar, por tanto, alterando el ambiente en que ese nuevo ser se está desarrollando.

El papel de los glucocorticoides en el desarrollo

En más detalle, con el objetivo de que se entienda que científicamente esto es posible (por no decir que es así), vamos a recordar brevemente cuál es el papel que los glucocorticoides, como el cortisol, tienen en el desarrollo. De esta manera entenderemos que todo lo que le ocurre a la madre que sea capaz de alterar sus niveles de glucocorticoides, o sea, que active su respuesta fisiológica de estrés, está teniendo un impacto (impronta) importante en su bebé. Igualmente, cualquier activación de la respuesta fisiológica de ese bebé en desarrollo, implica una carga alostática para ese organismo. Y nos parece que es obvio que, si una madre no acoge en unos brazos amorosos, ese bebé activa, de un modo u otro, su respuesta fisiológica de estrés. Ahora bien, no olvidemos que hablamos de una carga que no sabemos hacia dónde está moviendo el complejo sistema vivo que es el bebé. Aclarado esto, vamos a tratar de dar al menos unas pinceladas sobre la importancia de los glucocorticoides (GCs) en el desarrollo.

Los GCs tienen un papel importante en la maduración y desarrollo del sistema nervioso central (SNC) a través de procesos estructurales, moleculares y neuroquímicos tales como la supervivencia de células neuronales y gliales y la remodelación de axones y dendritas. Debemos tener en cuenta que los niveles de GCs están regulados por varios factores entre los que destacamos la presencia de sus receptores (receptores de mineralcorticoides-MR- y de glucocorticoides-GR) y de enzimas como la 11b-hidroxiesteroide deshidrogenasa tipo 2 - 11b-HSD2- Esta enzima degrada los GC a una forma inactiva. No deja de ser interesante, el hecho de que esta enzima se expresa fuertemente en el cerebro fetal y la placenta, especulando, como una forma de protección contra los niveles excesivamente elevados de GCs .

Estrés prenatal

Como sabemos, los GCs en la circulación materna se elevan críticamente con el estrés. Obviamente, este incremento de GCs materno induce a que el ambiente prenatal del feto en desarrollo se encuentre con niveles elevados de estas sustancias. Esto es a lo que nos referimos por estrés prenatal, aquel que no es sufrido "directamente" por el feto, sino que es la propia madre la que, ante su propio estrés, propicia un ambiente estresante en el interior uterino.

Los datos científicos apuntan a que el crecimiento y la maduración del eje hipotálamo-pituitario-suprarrenal (HPA) se ve afectado por el estrés prenatal. Concretamente, se ha detectado un incremento de la actividad apoptótica en el hipotálamo, así como un descenso de la neurogénesis y del volumen del hipocampo. Esto traducido significa que, por un lado, la apoptosis (muerte celular) afecta al propio eje HHA; y por otro, reduce el desarrollo de nuevas células en el hipocampo (reduciendo el volumen de esta estructura) y, por tanto, provoca una alteración en la regulación del eje HHA, ya que el hipocampo interviene en la regulación del eje a través de la inhibición de la retroalimentación. No debería generar dudas que estos efectos ya están modificando la reactividad del nuevo ser ante las demandas del que será su ambiente postnatal. Si esa modificación es más o menos favorable dependerá, no tanto de la modificación en sí, como de la relación que exista entre ese organismo y el ambiente que se encuentre.

Las investigaciones parecen indicar la existencia de efectos nocivos duraderos en el funcionamiento del HHA posnatal. En animales de laboratorio está demostrado que el eje HHA es hiperactivo (presenta una actividad inicial más alta) o hipersensible (presenta una mayor respuesta ante los

41

estímulos estresantes) en la descendencia estresada prenatalmente. Concretamente, el incremento en las concentraciones de GCs conducen a un incremento del ARNm de la CRF en la amígdala y a una disminución de los niveles de MR y GR en el hipocampo. Estos cambios conducen a la menor sensibilidad en la retroalimentación del eje HHA. Los propios autores comentan que los efectos en el eje HHA en desarrollo son suficientes para producir cambios "permanentes" en este sistema (Haq, Bhat, Kumar, 2021). Probablemente donde ellos hablan de cambios permanentes, nosotros podríamos colocar el termino improntas, tal y como ha sido definido.

Resulta interesante el hecho de que las condiciones psicológicas desfavorables en la madre, como la ansiedad, la depresión u otras psicopatologías, regulan a la baja la expresión y actividad de la enzima 11b-HSD2 (Dowell et al 2019). Si recordamos, esta alteración en la enzima puede conducir a un ambiente fetal con niveles anormalmente elevados de GCs. La sobreexposición fetal a GCs parece afectar el sistema serotoninérgico y dopaminérgico, ya que se observa una disminución en la expresión de monoamino oxidasa A (MAO-A), la enzima que degrada estas catecolaminas. Además, el sistema GABAérgico parece ser especialmente sensible al estrés prenatal. Este sistema actúa como un factor neurotrófico durante el desarrollo, es decir, facilita la migración neuronal, de manera que su alteración alterará dicha migración, con las consecuencias que ello pueda tener. Es más, los efectos del estrés prenatal sobre este sistema de neurotransmisión persisten hasta bien entrada la edad adulta, observándose una alteración de la inhibición del SNC (recordemos que este sistema es el sistema inhibidor por excelencia del SNC) (Dowell et al 2019).

El estrés prenatal también induce cambios en el sistema inmunológico embrionario. La aparición de un entorno pro-inflamatorio nocivo y duradero afectará el desarrollo neurológico dado que la microglía, que es una célula fagocítica y, por tanto, parte del sistema inmune innato, tiene también un papel destacado en el neurodesarrollo (Soria et al 2018). La microglía controla poblaciones de células progenitoras neuronales, promoviendo la supervivencia celular o reduciendo la reserva de progenitores a través de la fagocitosis.

El estrés materno afecta a la placenta

Finalmente, no podemos olvidar que el papel de la placenta en la regulación de las interacciones materno-fetales la convierte en un objetivo principal para comprender los mecanismos por los cuales el estrés materno altera el desarrollo neurológico, contribuyendo, a nuestro modo de ver, en la aparición de las improntas asimilativas.

La placenta tiene numerosas funciones de entre las que destacaremos la transferencia de nutrientes y oxígeno al feto, la protección del feto de los factores maternos y la secreción de factores de crecimiento y hormonas que regulan el crecimiento fetal. En este sentido, es primordial entender cómo impacta el estrés prenatal en la placenta, para entender la conexión con la aparición de improntas. El estrés materno impacta en la placenta provocando la interrupción en la producción de neurotransmisores y hormonas del crecimiento (Reynolds et al 2019). Podemos entender la importancia de este hecho si recordamos lo mencionado un poco más arriba sobre la MAO-A o el sistema GABAérgico. El estrés materno en la placenta provoca también un incremento de citocinas proinflamatorias, interleucina- 6, interleucina-1β (IL-6, IL-1β) y factor de necrosis tumoral-α (TNF-α) que influyen en los procesos normales de desarrollo del feto. Por ejemplo, la IL-1β y el TNF-α, parecen contribuir a la regulación de la proteína 11β-HSD antes mencionada y que regulaba los niveles elevados de GCs al transformarlos en formas inactivas. La hipoxia placentaria (flujo restringido de la arteria umbilical) posiblemente inducida por aumento de los niveles de 5-HT con el estrés, interrumpe la migración neuronal normal y la mielinización y promueve el estrés oxidativo. Es más, el estrés prenatal puede provocar el incremento de los niveles de neurotransmisores como la 5-HT, NE y DA en la circulación materna, con las consecuentes alteraciones en su estado de ánimo, llevándonos a un círculo vicioso que alterará el desarrollo del organismo en construcción.

Otras posibles vías

Al margen de la implicación directa del estrés prenatal en el desarrollo de las improntas, otras vías son posibles. En este sentido, cabe destacar la relación anatómica entre el eje HHA y el eje Hipotálamo-hipófiso-tiroideo (HHT). Los estudios indican que es probable que la desregulación de cualquiera de los ejes cause un desequilibrio en el otro. No debemos olvidar que las hormonas tiroideas (HTs) están implicadas en la proliferación y migración neuronal, la diferenciación neuronal y glial y la sinaptogénesis. Por tanto, una disfunción del eje HHT puede afectar al eje HHA e influir en la producción de ACTH y GC. El incremento de THs acelera la maduración del eje HHA al inducir hipersensibilidad del cortisol a la ACTH. Por su parte, la disminución de estas parece reducir el aclaramiento en la sangre del cortisol y deteriorar la actividad 11b-HSD2, así como inducir niveles más bajos de THs a la circulación fetal. Se plantea también un posible efecto sinérgico de los GCs y las THs sobre la maduración del cerebro fetal y neurodesarrollo (Anifantaki et al 2021). Así pues, esta podría ser otra vía a través de la cual explicar el establecimiento de improntas asimilativas.

Efectos del estrés sobre el temperamento

Un aspecto importante a la hora de hablar de improntas es el que tiene que ver con el temperamento. En psicología diferenciamos entre temperamento, carácter y personalidad (Figura 3). De manera simple podríamos decir que la personalidad engloba los otros dos aspectos y que, de estos, el temperamento haría referencia a los aspectos más definidos desde el nacimiento (hay quien diría que genéticos, nosotros nos vamos a atrever a decir que incluso lo genético ya es una relación con el ambiente, pero entendemos la expresión, si bien la matizaríamos). El carácter, por su parte, hace referencia a los aspectos más adquiridos a lo largo del desarrollo. En términos de improntas, tal vez podríamos relacionar el temperamento con las improntas asimilativas y el carácter con las generativas, siendo la personalidad el funcionamiento de la persona con todas sus improntas, asimilativas y generativas.

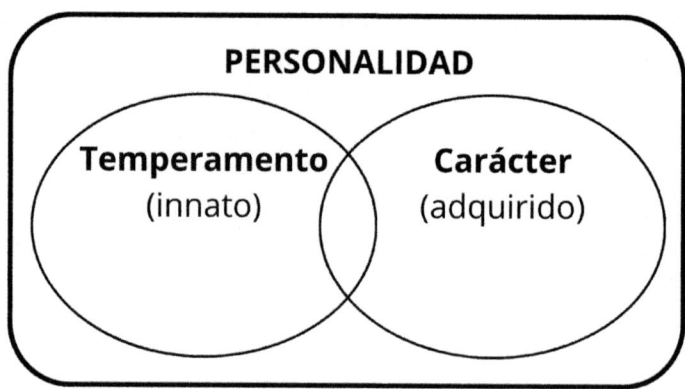

Figura 3: *Personalidad vs Carácter vs Temperamento*

Gartstein y Skinner (2018), plantean que los efectos de la exposición prenatal mediados epigenéticamente en el desarrollo del cerebro tienen implicaciones considerables para el temperamento.

Siguiendo el modelo de Cloninger (1993), el temperamento se define de acuerdo con los aspectos de reactividad y autorregulación de la persona que se muestran consistentes a través de diferentes situaciones y que presentan también estabilidad en el tiempo. Cabe mencionar que por reactividad nos referimos a la reactividad emocional (emotividad positiva o negativa), motora (aproximación o evitación) y fisiológica (actividad del eje HHA y/o activación cerebral). Por autorregulación entendemos la capacidad de la persona para poner foco atencional, para el cambio y para el control inhibitorio. Este modelo estudia estos aspectos de acuerdo con las siguientes dimensiones:

- ✓ Búsqueda de novedad-BN- (actividad exploratoria)
- ✓ Evitación del daño-ED- (escapar de la amenaza)
- ✓ Dependencia del refuerzo-DR- (buscar aprobación)
- ✓ Persistencia-P- (repetir lo reforzado)

La revisión de Gartstein y Skinner (2018) muestra la relación de la exposición prenatal con la reactividad al estrés, el miedo/ansiedad, la impulsividad y la atención/regulación. Por ejemplo, el estrés prenatal y la dieta materna alta en grasas interrumpen el desarrollo neuronal de las vías serotoninérgicas (5-HT), lo que puede comportar un riesgo temperamental de depresión. Igualmente, la ansiedad materna general durante el embarazo se asocia con una mayor urgencia infantil, afectividad negativa y autorregulación más deficiente. Estas características implican un riesgo de trastornos de conducta. En la siguiente tabla (Tabla 2) podemos ver resumido la relación entre las diferentes dimensiones del temperamento, los sistemas cerebrales y de neuromodulación implicados, así como el estímulo relevante y la respuesta conductual que despertaría dicho estímulo. El estudio nos parece pertinente en este contexto de explicación de la implicación de la respuesta fisiológica de estrés en la aparición de las improntas dado que si relacionamos todo lo hablado hasta el momento con la información contenida en la tabla, podemos entender la implicación de todos aquellos cambios estructurales y funcionales que se han ido dando en la aparición de una manera concreta de afrontar las demandas y retos vitales a los que el bebé se irá exponiendo en su desarrollo perinatal.

Dimensión de temperamento	Sistema cerebral	Principales neuro-moduladores	Estímulo relevante	Respuesta conductual
Búsqueda de novedad	Activación conductual	Dopamina	Novedad	Búsqueda exploratoria
			Refuerzo condicionado/señales de recompensa	Aproximación
			Estímulo condicionado (EC) o incondicionado (EI) de alivio o retirada de la monotonía o el castigo	Evitación activa Escape

Evitación del riesgo	Inhibición conductual	GABA Serotonina	Condicionamiento aversivo	Formación estímulo condicionado aversivo
			Estímulos condicionados de castigo, novedad o no recompensa	Evitación pasiva Extinción
Dependencia de recompensa	Apego social	Noradrenalina Serotonina	Refuerzo condicionado	Formación estímulo condicionado apetitivo
Persistencia	Reforzamiento parcial	Glutamato Serotonina	Intermitente Ausencia refuerzo	Resistencia a la extinción

Tabla 2: Adaptada de Svrakic, DM y Cloninger R. *Personality Disorders (2005)*

Como hemos visto hasta ahora, el ambiente que el feto en desarrollo se encuentra y el ambiente en el que se desenvuelve y sigue desarrollándose a este lado de la piel, más concretamente, el estrés pre- y perinatal al que es sometido el individuo, altera los niveles de GCs y con ello-los sistemas neuromoduladores, la actividad del eje HHA y el propio neurodesarrollo, con consecuencias a nivel de neuroestructura y neurofuncionamiento, tanto como a nivel temperamental y comportamental.

EL PAPEL DEL ESTRÉS EN LA APARICIÓN DE IMPRONTAS GENERATIVAS

Hasta ahora hemos estado relacionando la respuesta fisiológica de estrés, a través de las investigaciones relativas a los efectos del estrés prenatal en la descendencia, para mostrar la conexión con la aparición de improntas asimilativas. En este apartado, trataremos de mostrar esta misma relación a través de investigaciones sobre el abuso infantil, el trauma y el estrés en el adulto, situaciones todas ellas que activan la respuesta fisiológica de estrés. Sin embargo, nos gustaría apuntar que no existe un salto temporal (o espacial) entre los hechos, sino que todos se presentan en un continuo infinito y eterno en el que sólo el presente, el aquí y ahora, existe; solo el momento de consciencia actual existe, pero todos los momentos pasados han ido dejando huella en ese nuestro cuerpo humano que se presenta y existe en al ahora, continuamente transformado.

En general, las improntas Generativas durante la exterogestación las relacionaríamos más con el estrés perinatal (prenatal, incluso) y el abuso infantil, mientras que las de Desarrollo las relacionaríamos más con el abuso infantil y el trauma. Las calificadas como "Otras" improntas y que hacen referencia a sintomatología y enfermedad las relacionaríamos con el estrés en el adulto. Todo ello entendiendo, como ya hemos tratado de puntualizar anteriormente, sobre la base que se ha ido generando a lo a largo de todas las experiencias vitales previas, es decir, cada ser humano con su propia carga alostática. No están mencionadas en esta categoría las propias cicatrices corporales (fruto de operaciones, piercings, tatuajes, caídas, ...) por considerarlas físicas. Sin embargo, es importante puntualizar que, por más físicas que sean, tienen una carga emocional importante para la persona y para la comprensión de su propia historia.

Improntas generativas en exterogestación: abuso infantil

El abuso o maltrato lo definimos como la falta de respeto y consideración hacia otro individuo de una manera que degrada su bienestar. La persona abusadora no muestra preocupación por la integridad o valor innato como individuo. Podríamos decir, a grandes rasgos, que existen 4 tipos:

- ✓ abuso/maltrato verbal,
- ✓ físico,
- ✓ sexual y
- ✓ negligencia (ausencia de auxilio, es decir, el no ofrecer el cuidado y protección que todo niñ@ necesita y merece).

¿Cuál es la diferencia con el trauma? O, dicho de otro modo, ¿qué hace que un evento sea categorizado como maltrato o trauma? Esta no es una cuestión banal a efectos terapéuticos y legales, ya que muchas veces las penas o las ayudas depende de esta categorización. Sin embargo, a efectos de activación de la respuesta fisiológica de estrés, consideramos que no es tan fundamental la diferenciación ya que la idea básica de fondo sigue siendo que la activación de esta respuesta genera una carga alostática que a través de procesos biológicos demostrados, que implican una impronta, una huella corporal (en función y/o estructura del organismo en su conjunto) y que explica la aparición de una conducta o patrón conductual que conduce o puede conducir a la persona hacia la polaridad de la enfermedad. Sin embargo, diremos, siguiendo a De Bellis y colaboradores (2014), que el trauma consiste en un evento aterrador, peligroso o violento que representa una amenaza para la vida o la integridad física de un niñ@ (bullying, terrorismo, guerras, maltrato infantil, violencia doméstica o comunitaria), sin olvidar que ser testigo de un evento traumático también puede ser traumático.

Los autores apuntan una cuestión fundamental también en la comprensión de la implicación del estrés en las improntas y es que la sensación de seguridad en l@s niñ@s depende de la seguridad percibida de las figuras de apego. Consideramos que esta idea es importante porque trae a colación un aspecto importante de la respuesta fisiológica de estrés que aún no hemos abordado en profundidad. Nos referimos a la activación del Sistema nervioso autónomo o vegetativo (SNA).

Breve presentación de la Teoría polivagal

Aquí cabe introducir la Teoría polivagal de Porges (2001). Brevemente, la teoría propone que el SNA de los mamíferos proporciona el sustrato neurofisiológico para las experiencias emocionales y los procesos afectivos que son los componentes principales de la conducta social. Anatómicamente hablando, Porgues distingue dos ramas en el conocido como Décimo par craneal o Nervio Vago y plantea que las diferentes ramas están relacionadas con estrategias adaptativas conductuales únicas. Como el propio autor apunta:

1. La evolución ha modificado las estructuras del SNA.
2. El SNA de los mamíferos contiene vestigios de SNA filogenéticamente más antiguos.
3. La regulación emocional y la conducta social son derivados funcionales de los cambios estructurales en el SNA debidos a la evolución.
4. En los mamíferos, la estrategia de respuesta del SNA a los retos con que se encuentra siguen una jerarquía filogenética, empezando por estructuras más nuevas y, cuando todo falla, volviendo atrás a los sistemas estructurales más primitivos.
5. El diseño filogenético del SNA determina los estados afectados y el rango de la conducta social que un animal es capaz de desarrollar.

En la siguiente tabla (Tabla 3) vemos las relaciones establecidas entre estos diferentes aspectos.

COMPLEJO VAGAL EN MAMÍFEROS *regulación desde la corteza motora				
Fase Filogenética	Componentes del SNA	Origen motor subcortical*	Órganos viscerales que controlan	Regulación energética
III (mamíferos)	Moción, emoción y comunicación	Núcleo Ambiguo	Supra diafragmáticos	Consumo mínimo
II (vertebrados)	Movilización (lucha-huida)	Médula espinal	Todos	Fuente metabólica necesaria
I (Vertebrados-anfibios)	Inmovilización	Núcleo Motor Dorsal del vago	Sub diafragmáticos	Conservación de los recursos

Tabla 3: Adaptada de Porges (2001).

Así, la teoría plantea una división del SNA diferente de la tradicional (si bien no incompatible desde nuestro punto de vista) entre sistema nervioso simpático y parasimpático. Propone la existencia de tres ramas en el SNA: Ventral, Simpática y Dorsal, de modo que, según sus propias palabras:

1. El Complejo Vagal Ventral (VVC) proporciona la respuesta inicial al ambiente; inhibe, a nivel del corazón, la fuerte respuesta de movilización del SNS (de ahí que sea conocido como el freno vagal).

2. Si la demanda externa continúa, la retirada del VVC tiene como resultado la desinhibición del control simpático de corazón (por tanto, se activa la respuesta fuerte típica del SNS).

3. Al llegar ya a un reto extremo, la retirada del SNS resulta en una desinhibición del control, por parte del Complejo Vagal Dorsal (DVC), del tracto gastrointestinal y en la vulnerabilidad de bronquios y corazón. Aparecen las consecuencias clínicas de que el DCV no tenga oposición: defecación por relajación de los esfínteres, aumento de la motilidad intestinal del tracto digestivo, apnea a causa de la constricción de los bronquios y bradicardia.

Para los mamíferos, la estrategia puede ser adaptativa a corto plazo, pero letal si se prolonga en el tiempo. Patologías específicas caracterizadas por la disfunción afectiva podrían tener un correlato en estos tres niveles de respuesta filogenética de regulación del SNA.

Esta teoría plantea una base biológica a las respuestas que podemos observar en la atención sanitaria y clínica cuando nos encontramos con personas que disocian. Vamos por partes, Dana y Porges lo explican maravillosamente en su libro *Aplicaciones clínicas de la Teoría polivagal* (2019). La vía vagal ventral de la rama parasimpática constituye lo que Porges llama nuestro sistema de compromiso social. En él, nuestro ritmo cardíaco está regulado, la respiración es plena y podemos sintonizar. Nos conectamos al mundo y a las personas: estamos felices, activos y con interés; y vemos el mundo como seguro, divertido y tranquilo. Se la conoce como el freno vagal porque contiene la frecuencia cardíaca en 72 pulsaciones/minuto, aproximadamente. Cuando el freno vagal se relaja, pero no suelta por completo, regula la llamada a la acción, permitiendo más energía simpática mientras inhibe la liberación de cortisol y adrenalina. Cuando se libera completamente, el simpático toma las riendas y libera cortisol y adrenalina. Esta regulación se ve afectada por las experiencias traumáticas.

La rama simpática se activa cuando sentimos un atisbo de inquietud (neurocepción de peligro). Se puede dar la respuesta de lucha o huida. Nuestro corazón se acelera, la respiración es entrecortada y superficial y escaneamos el entorno en busca de peligros. Estamos ansiosas o enfadadas y no podemos estar quietas, no escuchamos las voces amigas y vemos el mundo como peligroso y hostil. Si la oleada de NA no resuelve la angustia, el eje HHA toma el control.

La vía vagal dorsal de la rama parasimpática nos conduce al cierre, al colapso y la disociación. Estoy sola con mi desesperación y escapo hacia la inconsciencia, la insensibilidad, casi como una sensación de no existir. Estoy desesperanzada, abandonada, confusa y demasiado cansada para pensar o actuar. Veo el mundo como vacío, muerto y oscuro. Protege del dolor físico y emocional.

De una manera sencilla y gráfica, podríamos representarlo como sigue (Fig. 4)

RAMA VENTRAL PARASIMPÁTICA

Seguridad, conexión, colaboración, resiliencia.
Expresión emocional de seguridad y confianza.

RAMA SIMPÁTICA

Movilización, lucha-huída, peligro, competitividad.
Expresión emocional de miedo, ansiedad, angustia.

RAMA DORSAL PARASIMPÁTICA

Amenaza vital, colapso, aislamiento.
Inmovilización.
Expresión emocional disociada.

Figura 4: Relación de la teoría polivagal con determinados estados psicológicos y conductuales.

De vital importancia también nos parece el concepto de *Nocicepción* que introducen los autores como aquella percepción sin conciencia de lo que ocurre corporalmente y que permite, de una manera u otra, la *Co-regulación* de los sistemas nerviosos de dos individuos, sean estos, madre e hij@ o cualesquiera otros seres vivos con sistemas nerviosos más o menos complejos. Esto es precisamente, y retomando el hilo, lo que plantean De Bellis y colaboradores (2014) cuando hablan de que la sensación de seguridad en l@s niñ@s depende de la seguridad percibida de las figuras de apego. Este aspecto es fundamental a la hora del abordaje terapéutico, sea desde la perspectiva psicológica o modelo que se quiera seguir. Será siempre necesario establecer un buen vínculo con la persona a la que acompañamos y para ello necesitaremos una base de seguridad que sólo podremos alcanzar si nuestro propio sistema nervioso autónomo está en disposición de seguridad, es decir, de cooperación, de compasión y amor hacia el otro y hacia nosotr@s mism@s. Esa será la fuente a través de la cual el sistema nervioso autónomo de la persona a quien acompañamos podrá nutrirse de amor y encontrar la seguridad que necesita para poder abordar su historia de vida y resignificarla desde un lugar más saludable.

Nos parece interesante incluir aquí una idea que nos surgió pensando en cómo se une todas estas cuestiones con la cuestión de las necesidades y metanecesidades que planteaba Maslow en su conocidísima pirámide. La idea básica sería que el ser humano, está en una constante evaluación del entorno como seguro o inseguro y, a partir de la conclusión a la que llega en cada momento, se abren ante él unas determinadas posibilidades que le van a ir permitiendo la escalada a través de la pirámide de Maslow o no, en función de si es capaz de alcanzar o no un mayor grado de consciencia en la esencia de la vida. Somos conscientes que abrimos aquí una cuestión filosófica que merecería toda nuestra atención, pero consideramos que no es este el lugar ni el momento de profundizar en ello. Esperamos hacerlo en algún otro texto, continuación o ampliación de este mismo.

Improntas generativas de Desarrollo: Trauma

Cualquier evento traumático puede iniciar emociones fuertes y reacciones físicas que pueden persistir mucho después del evento:

- ✓ Terror, impotencia o miedo
- ✓ Reacciones fisiológicas: palpitaciones, vómitos o pérdida del control de los intestinos o la vejiga
- ✓ Sentirse abrumados por la intensidad de las respuestas físicas y emocionales.

Cuando el evento es o implica una situación interpersonal, intencional y/o crónico, se asocia a mayores porcentajes de Trastorno de estrés postraumático (TEPT), síntomas de TEPT (STEPT), depresión, ansiedad, conducta antisocial y consumo de alcohol y substancias adictivas.

Los estresores asociados al evento son procesados por los sistemas sensoriales (tálamo, amígdala, HHA, SNA). Los datos indican que el trauma desorganiza el eje Amígdala-HHA. Concretamente, Nemeroff (2016) en su revisión menciona:

- ✓ Un incremento del CRF con el inicio del trauma que persiste en la edad adulta.
- ✓ Los aumentos iniciales de cortisol y ACTH se atenúan con la exposición crónica a CRF posiblemente por la regulación a la baja de los receptores de CRF (CRFr) de la hipófisis tras el inicio del trauma (aunque ciertamente aparecen datos contradictorios)
- ✓ Un incremento del CRF que se relacionaría con un estado de arousal generalizado, ansiedad, agresividad, hipervigilancia, estimulación SNS (síntomas principales de TEPT); inhibición de la alimentación y conducta sexual (sintomatología asociada con depresión).

Los cambios adaptativos del eje implican una sensibilización mucho después del trauma, de manera que este hiperresponderá en situaciones de estrés agudo o durante la ocurrencia de recuerdos traumáticos. La duración, la edad de inicio y el nivel de desarrollo influyen en los niveles de cortisol post-trauma. En este sentido, el abuso físico o sexual antes de los 5 años se ha relacionado con síntomas internalizantes y disregulación del eje; el maltrato múltiple o abuso sexual severo, con niveles elevados de cortisol (Nemeroff, 2016).

Se ha observado una desregulación del eje HHA y niveles elevados de CRF central en jóvenes que experimentaron trauma en la infancia y padecen síntomas ansiosos y depresivos o conductas internalizantes y externalizantes comórbidas. Igualmente, los trastornos de conducta disruptiva y antisocial se relacionan con niveles más bajos de cortisol. Un dato muy interesante que aportan los mismos autores para la práctica clínica y para la crianza, en general, es el que indica que la calidad del cuidado recibido se asocia con un amortiguamiento del eje HHA al estrés.

Parecen existir diferencias de género con respecto a cómo afecta el trauma. Así es posible que las mujeres sean más vulnerables al trauma temprano dado que los datos indican la existencia de niveles elevados de CRF en trauma tanto en hombres como en mujeres. Sin embargo, las mujeres tienen menores niveles de Cortisol tras la exposición a un estresor mientras que los hombres parecen no diferir en sus niveles de cortisol. A pesar de que el dato es interesante, no es ni mucho menos definitivo. Entre otras cuestiones, como la replicación de los resultados, hay que decir que los hombres maltratados suelen acabar en prisión por conducta violenta, lo que hace que no sean incluidos en la investigación retrospectiva, lo que podría estar alterando los resultados.

Las diferencias individuales en respuesta al trauma pueden deberse a diferencias en otros sistemas biológicos de regulación del estrés. Por ejemplo, los GCr actúan como factores de transcripción y regulan la expresión genética para el metabolismo y la función inmune, así como el desarrollo cerebral y cognitivo, siendo otra vía a través de la cual provocar cambios en el propio funcionamiento del eje. También se ha demostrado que factores genéticos y epigenéticos influyen en los efectos del trauma y producen el acortamiento de los telómeros (Secuencia repetitiva al final de los cromosomas TTAGGG). Se considera que este acortamiento conduce al "Envejecimiento prematuro" y se asocia a un desarrollo cerebral adverso, problemas de salud mental y problemas de salud crónicos cuando son adultos) (Nemeroff, 2016).

El efecto del trauma y el abuso infantil va más allá del propio eje del estrès y puede afectar a otras estructuras cerebrales. Otros autores (Mesa-Gresa y Moya-Albiol, 2011) resumen alguno de los cambios estructurales que se han observado como consecuencia del maltrato infantil. Estos cambios, especificados en la tabla de los propios autores (Tabla 4), se relacionan con estructuras como el hipocampo, la amígdala, el cuerpo calloso y la corteza cerebral.

Y no sólo las estructuras sino también la conectividad funcional entre estructuras relacionadas con el procesamiento de las emociones tras experiencias traumáticas también se ven afectas. Así, la menor relación ingresos-necesidades está asociada con la disminución de la conectividad entre la amígdala y la corteza prefrontal (PFC). De manera similar, las personas maltratadas muestran una conectividad inferior entre la amígdala, el hipocampo y la PFC. Es más, la mayor conectividad entre la Amígdala y la PFC predice un funcionamiento más adaptativo, independientemente del historial de maltrato. Los datos indican incluso cambios en la conectividad amígdala-CPF en niños y adolescentes institucionalizados. La importancia de estas conexiones radica en que todas ellas, amígdala, hipocampo y corteza prefrontal, regulan la actividad del propio eje y con ello, los efectos sobre múltiples sistemas y estructuras del sistema psiconeuroendocrinoinmunológico.

No menos importantes son los cambios observados en la conectividad funcional entre estructuras relacionadas con el procesamiento de recompensas tras experiencias traumáticas. Estos cambios podrían relacionarse con la capacidad posterior para el disfrute y el placer de las personas que han experimentado algún evento traumático. Por ejemplo, se ha observado un aumento de la conectividad entre la ínsula y la amígdala en jóvenes expuestos al trauma en comparación con los jóvenes sin trauma. Otros apuntan a una disminución de la conectividad entre el área tegmental ventral (VTA) y el hipocampo junto a un aumento de la conectividad entre la sustancia negra (SN) y el hipocampo en personas maltratadas.

Estructura	Población	Grupos estudio (G)	Resultados	Referencia
Hipocampo	Mujeres	G1.TLP + Maltrato infantil G2. Control	↓ bilateral en G1 Correlación negativa entre menor vol. Hipocampal y duración del trauma.	Driessen et al 2000
Amígdala	Mujeres	G1. TEPT secundario a abuso sexual en la infancia G2. Control	Paradigma de adquisición del miedo: ↑ activación amígdala y ↓ corteza cingulada durante la extinción	Bremner et al 2005
Cerebelo	Adultos	G1. Abuso sexual en la infancia G2. Control	Daños en el vermis cerebelar (similar a consumidores sustancias adictivas) en G1	Anderson et al 2002
	Niñas/os	G1.TEPT secundario a maltrato G2. Trastornos de ansiedad G3. Control	↓ volumen cerebelo en G1 Correlación positiva entre volumen cerebelo y edad inicio trauma Correlación negativa con la duración del trauma	De Bellis y Kuchibhatla, 2006

Cuerpo calloso	Niñas/os	G1. Maltrato físico y abusos sexuales G2. Control	↓ tamaño en G1	
Corteza	Niñas/os	G1. TEPT + maltrato G2. Control	Atenuación asimetría del lóbulo frontal en G1 Menor volumen cerebral en G1	Carrion et al 2001
	Niñas/os y adolescentes	G1. TEPT secundario a maltrato G2. Control	Estructuras cerebrales más vulnerables a estrés en niños que en niñas Menor volumen intracraneal y menor volumen total del cerebro Correlación negativa menor volumen intracraneal y duración del abuso Correlación positiva volumen total y edad de abuso	De Bellis, 2005

Tabla 4: *Adaptada de Mesa-Gresa y Moya-Albiol (2011).*

Volvamos a centrarnos. La idea es entender cómo la activación del eje del estrés se relacionaría con las improntas generativas en exterogestación y desarrollo. Si revisamos los datos aportados, vemos que el maltrato infantil (abuso y trauma), activan el eje HHA, y con él el SNA, modificando no sólo su propio funcionamiento y regulación sino también otras estructuras importantes en procesos emocionales (amígdala) y de aprendizaje y memoria (hipocampo) y su conectividad. Por tanto, se altera también el funcionamiento. Al alterarse el funcionamiento de estos circuitos neurales, en definitiva, estamos hablando de que se pueden modificar circuitos motores relacionados con el desplazamiento, la bipedestación y el enraizamiento del niñ@ (Frontera secundaria en *grounding*), y /o se puede alterar la tensión de su diafragma, y con ello su respiración, sus nervios craneales que inervan el rostro pueden tensionarse (Frontera secundaria en dentición). Igualmente, pueden verse afectados los circuitos relacionados con el vínculo (Sostén de diferenciación), así como circuitos relacionados con la personalidad e incluso la estructura física (muscular) de la persona, llevando a una apariencia física determinada junto a esa personalidad (Carácter). Lógicamente, todas estas afectaciones no pueden no afectar el dominio del propio cuerpo y de la energía vital (Vitalidad y placer).

Otras Improntas generativas: enfermedad

En el adulto, por su parte, la activación del eje HHA se relacionaría más directamente (sin olvidar que el adulto tienen ya una historia de activación propia, obviamente), con la aparición de sintomatología y enfermedades. Sin embargo, creo que debemos entender que esto mismo que veremos ahora en el adulto, ocurre también en el niñ@, adolescente y adulto joven con una mayor o menor grado de aprendizaje o experiencia según las circunstancias de cada uno, y que esto mismo estará ya modulando todos esos circuitos que irán dejando su impronta. En definitiva, a efectos prácticos de intervención y explicación en un plano psicológico, podemos y debemos separar todas estas cuestiones, sin embargo, desde un punto de vista "vital", es imposible separar lo psicológico de lo biológico, siendo reduccionistas. Desde nuestro punto de vista, es imposible separar lo contextual (Interno, externo, personal, sociopolítico, socioeconómico, cultural, relacional) de lo psicobiológico. En cierta manera, lo que planteamos es que lo que existe es relación, intercambio o cambio constantes.

Si hablamos de enfermedad, primero debemos tener claro a qué nos referimos con ello. La enfermedad podría definirse como un estado alterado de la función fisiológica normal que va a conducir a diferente sintomatología en función de la fisiología alterada y que, eventualmente, podría incluso conducir a la muerte. Este estado tendría su origen en ese cambio constante en función del contexto que se va produciendo en el organismo. La enfermedad se conoce también con el término Patología y de ella hemos hecho ciencias estudiando los diferentes aspectos:

- ✓ Las posibles causas (etiología),
- ✓ la forma de actuar de la causa morbosa sobre el organismo (patogenia),
- ✓ las manifestaciones clínicas que provoca (semiología),
- ✓ las alteraciones macroscópicas y microscópicas de los órganos y de los tejidos como resultado de la acción morbosa (anatomía patológica),
- ✓ la identificación del proceso morboso (diagnóstico),

✓ el juicio anticipado sobre su probable fin (pronóstico) y
✓ el tratamiento profiláctico y curativo (terapéutica).

En general, se entiende que la defensa contra la enfermedad la lleva a cabo nuestro sistema inmunológico. Tradicionalmente ha sido considerado el único responsable de la defensa del organismo frente a los agentes patógenos o antígenos (virus, bacterias, hongos, parásitos o células propias tumorales), de manera que se entendía que era un sistema autónomo y capaz de regulación independiente. Actualmente, se considera integrado en una compleja red de comunicación bidireccional entre todos los sistemas del organismo, la red psico-neuro-inmuno-endocrina. De este modo, entendemos que existe un continuum entre la salud y la enfermedad que dependerá del "equilibrio" de las relaciones entre sistemas.

En la tabla 5 resumimos lo más esencial del sistema inmune. Básicamente, existirían tres líneas de defensa. La primera de ellas corresponde a la piel y las mucosas, nuestras barreras naturales y primera frontera de la persona. La segunda corresponde a los procesos de inflamación que llevan a cabo neutrófilos y macrófagos, fundamentalmente. Y la tercera correspondería a lo que se conoce como inmunidad adquirida, a cargo de los linfocitos. Todas estas células segregan unas sustancias conocidas como citoquinas de las que existe una variedad muy grande con diferentes funciones, entre otras, la comunicación entre las diferentes células del sistema inmunológico.

Soria y colaboradores (2018) ofrecen unas tablas resumen de las distintas funciones de las diferentes citoquinas. Ofrecemos a continuación, en la Tabla 6 una adaptación de estas, para más detalles se recomienda consultar el original.

Línea de defensa	Células implicadas	Función	Inmunidad
Primera (Piel y mucosas)	Barreras naturales Mucosas		
Segunda Inflamación)	Neutrófilos Macrófagos Células NK	Fagocitosis Fagocitosis y presentación Citotoxicidad	Inespecífica
Tercera (Inmunidad adquirida)	Linfocitos B Linfocitos T	Citotoxicidad y memoria Citotoxicidad y memoria	Específica humoral Específica celular

Tabla 5: El sistema inmunológico esquemáticamente.

Citoquinas	Variedades	Funciones
Interleuquinas	IL1, IL2, IL3, IL4, IL5, IL6, IL7, IL8, IL9, IL10, IL11, IL12	Pirogénica Proinflamatoria Proliferación y diferenciación de células de la médula ósea y de precursores hematopoyéticos Proliferación y crecimiento de células B y T Estimulación de la producción de IgG y IgE, IgA e IgM Activación NK Quimiotaxis Inhibición de citoquinas Función de células mononucleares Antiinflamatoria Induce proteínas de fase aguda
Factores de necrosis tumoral	TNF-α TNF-β	Activación de células fagocíticas Citotoxicidad tumoral Quimiotaxis Fagocitosis Inducción de otras citoquinas

Interferones	INF-α INF-β INF-γ	Antiviral Antiproinflamatoria Activación de macrófagos Aumento de función de neutrófilos y monocitos
Factores esti-muladores de colonias	G-CSF Gm-CSF M-CSF Eritropoye-tina	Producción de granulocitos, eosinófilos, monocitos y de células rojas. Activación de monocitos
Otros	TGF-β	Inhibe la proliferación de células T y B y la hematopoyesis Facilita la curación de heridas

Tabla 6: Principales citoquinas y su función. Adaptada de Soria y colaboradores (2018).

La información inmunitaria llega al cerebro y provoca la conducta de enfermedad que tod@s conocemos. Generalmente aparecerá un descenso del apetito y la ingesta, así como del movimiento y del deseo sexual junto con cambios en los patrones y calidad del sueño, fatiga y falta de interés por las cosas que normalmente nos gustan.

El SNC contiene receptores para las citoquinas en muchas estructuras. Destacamos aquí la existencia de receptores para las citoquinas en el Hipocampo, Hipotálamo y Amígdala, especialmente. Además, por su parte, las neuronas también pueden secretar citoquinas y todas las células inmuno-competentes contienen receptores GC (GCr) siendo los órganos linfoides muy sensibles a GC (especialmente el timo). Esto permite, precisamente, el reajuste de la liberación de citoquinas por parte del sistema inmunológico. Como vemos, no es tan autónomo como se consideró al inicio.

Así pues, podemos entender ya que la activación del eje HHA va a tener un impacto directo sobre el sistema inmunológico y, por tanto, va a contribuir a la aparición de determinada sintomatología o patología. A grandes rasgos, el estrés se ha asociado con la aparición y agravamiento de la diabetes, debido, posiblemente al aumento glucosa en sangre. También se ha asociado con el retraso en el desarrollo y con disfunciones sexuales, a través de la inhibición de las hormonas del crecimiento y las sexuales. El estrés puede provocar o agravar problemas cardiovasculares, debido al aumento de la frecuencia cardíaca. Además, se ha relacionado con alteraciones cognitivas y emocionales (psicopatología), alteraciones autoinmunes y con otras alteraciones como fatiga crónica, metástasis, asma, … (en general, enfermedades gastrointestinales, respiratorias, cardiovasculares, autoinmunes, y neurodegenerativas).

De todas estas alteraciones, creemos interesante indagar en el efecto sobre la psicopatología, es decir, sobre la salud mental. Actualmente se está demostrando la implicación de procesos neuroinflamatorios en la aparición de algunos trastornos psicológicos, tales como el trastorno depresión mayor (TDM), la esquizofrenia (EQZ), el trastorno bipolar (TB), el trastorno de estrés postraumático (TEPT), el trastorno de ansiedad generalizada (TAG), el trastorno de pánico, la fobia y el trastorno obsesivo-compulsivo (TOC). Soria y colaboradores (2018) explican que la activación del eje HHA conduce a la activación de las citoquinas en el sistema inmune periférico, produciendo inflamación a nivel periférico (es decir, no en el sistema nervioso central, no en el cerebro). Si el proceso continuo, el aumento de citoquinas pro-inflamatorias atravesará la barrera hematoencefálica activando la microglía en el sistema nervioso central de manera que aumentará el estrés oxidativo y la neuroinflamación, pudiendo llevar a la disminución de factores de crecimiento como el Factor neurotrófico derivado del cerebro (BDNF) y a la excitotoxicidad, con el consecuente daño cerebral de circuitos implicados en estos trastornos. Es más, las experiencias estresantes en la infancia se asocian con niveles elevados de citoquinas pro-inflamatorias y con un mayor riesgo de enfermedad mental en la edad adulta. Los datos indican cambios en marcadores de microglía en depresión, trastorno del espectro autista (TEA) y esquizofrenia. En población de riesgo en psicosis, se observa una correlación positiva con mayor gravedad de la sintomatología. Así pues, parece que el aumento de citoquinas provoca cambios en la microglía cortical que llevan a cambios estructurales y funcionales en el cerebro que conducen a una predisposición a enfermedad mental (Calcia et al 2016). Los autores plantean la hipótesis de que un primer impacto en edades tempranas tendría un efecto de *priming* que, ante un segundo impacto potenciaría la liberación de citoquinas llevando a la alteración de la poda sináptica y de ahí a un mayor riesgo de enfermedad mental (*Two-hits Hypothesis*).

Recientemente se está introduciendo en la investigación de los procesos de enfermedad un aspecto poco contemplado hasta ahora, el microbioma intestinal. En primer lugar, es interesante entender que lo que consideramos "yo" no es únicamente un ser, sino múltiples; tal es la complejidad del asunto si lo tratásemos filosóficamente. No lo haremos ahora por no ser este el lugar ni el momento, pero no deja de parecernos todo un tema de profundización en la identidad de quienes o qué somos como individuos. En segundo lugar, es importante saber que las conexiones entre nuestro intestino y nuestro cerebro son tantas y tan complejas que actualmente se habla incluso del "cerebro intestinal" (igualmente ocurre con el corazón; flaco favor hacemos a la integración del todo si empezamos nuevamente a separar cerebros cuando el funcionamiento es integral, holístico e incluso más allá de las fronteras de nuestra propia piel).

La comunicación entre intestino y cerebro parece llevarse a cabo a través de tres vías: el nervio vago, la vía sistémica (es decir, a través de la liberación de hormonas, metabolitos y neurotransmisores) y el sistema inmunológico (por la acción de las citocinas). Cuando este microbioma se ve alterado, hablamos de Disbiosis. La disbiosis intestinal puede afectar a la funcionalidad del cerebro a través de varias vías:

✓ el aumento de la permeabilidad intestinal,
✓ la producción de citoquinas proinflamatorias
✓ la síntesis de compuestos tóxicos, neuropéptidos y sus respectivos precursores.

A través de una o varias de estas vías, esa disbiosis intestinal podría estar afectactando los procesos de neurogénesis, neurotransmisión y neuroinflamación, provocando alteraciones del SN que podrían estar a la base de diferentes procesos de enfermedad.

Desde nuestro punto de vista, y de acuerdo con otros autores (Madore et al 2020) esta es otra prometedora vía a través de la cual el estrés, afectará directamente al intestino a través del SNA y la propia conducta del individuo (¿Quién no varía su dieta alimentaria en los momentos más estresantes de su vida?) y puede explicar su relación con la enfermedad y con las improntas. Ahora bien, no debemos olvidar que el organismo es capaz de moverse hacia ambos extremos del continuum salud-enfermedad. En este sentido, y como terapeutas del cuerpo que somos (y del alma, que no es lo mismo, pero es igual), tenemos un filón en las manos si somos capaces de contribuir, de nuestras diversas formas, a que la carga alostática que sostiene cada persona que nos visita, sea más ligera.

BIBLIOGRAFÍA

Anderson CM, Teicher MH, Polcari A, Renshaw PF. Abnormal T2 relaxation time in the cerebellar vermis of adults sexually abused in childhood: potential role of the vermis in stress enhanced risk for drug abuse. Psychoneuroendocrinology, 2002; 27: 231-44.

Anifantaki F, Pervanidou P, Lambrinoudaki I, Panoulis K, Vlahos N, Eleftheriades M. Maternal Prenatal Stress, Thyroid Function and Neurodevelopment of the Offspring: A Mini Review of the Literature. Front Neurosci. 2021 Sep 8;15:692446. doi: 10.3389/fnins.2021.692446. PMID: 34566560; PMCID: PMC8455916.

Bertalanffy, L. Von (1968). *General System Theory. Fundations, Development, Applications*. New York: George Braziller (Traducción castellana *Teoría General de los sistemas*. México: Fondo de Cultura Económica, 1976).

Bremner JD, Vermetten E, Schmahl C, Vaccarino V, Vythilingam M, Afzal N, et al. Positron emission tomographic imaging of neural correlates of a fear acquisition and extinction paradigm in women with childhood sexual-abuserelated post-traumatic stress disorder. Psychol Med 2005; 35: 791-806.

Calcia MA, Bonsall DR, Bloomfield PS, Selvaraj S, Bariche-llo T, Howes OD. Stress and neuroinflammation: a systematic review of the effects of stress on micro-glia and the implications for mental illness. Psy-chopharmacology (Berl). 2016 May;233(9):1637-50. doi: 10.1007/s00213-016-4218-9. Epub 2016 Feb 5. PMID: 26847047; PMCID: PMC4828495.

Carlson, BM. (2014). Embriología humana y biología del desarrollo. Ed. Elsevier, Barcelona

Carlson, NR y Birckett, MA (2018). Fisiología de la conduc-ta. Ed. Pearson.

Carrion VG, Weems CF, Eliez S, Patwardhan A, Brown W, Ray RD, et al. Attenuation of frontal asymmetry in pe-diatric posttraumatic stress disorder. Biol Psychiatry 2001; 50: 943-51.

Cloninger CR, Svarakic DM, Przybeck TR. A Psichobiologi-cal Model of Temperament and Character. Arch Gen Psychiatry. 1993;50:975-90.

Dana, D y Porges, S (2019) Aplicaciones clínicas de la teo-ría polivagal. Eleftheria.

De Bellis MD, Kuchibhatla M. Cerebellar volumes in pedia-tric maltreatment-related posttraumatic stress disor-der. Biol Psychiatry 2006; 60: 697-703.

De Bellis MD, Zisk A. The biological effects of child-hood trauma. Child Adolesc Psychiatr Clin N Am. 2014 Apr;23(2):185-222, vii. doi: 10.1016/j.chc.2014.01.002. Epub 2014 Feb 16. PMID: 24656576; PMCID: PMC3968319.

De Bellis MD. The psychobiology of neglect. Child Maltreat 2005; 10: 150-72.

Debs, D. (2029). La teoría polivagal en terapia. Cómo unirse al ritmo de la regulación. Ed. Eleftheria, Barcelona

Dowell J, Elser BA, Schroeder RE, Stevens HE. (2019). Cellular stress mechanisms of prenatal maternal stress: Heat shock factors and oxidative stress. Neurosci Lett. 2019 Sep 14;709:134368. doi: 10.1016/j.neulet.2019.134368. Epub 2019 Jul 9. PMID: 31299286; PMCID: PMC7053403.

Driessen M, Herrmann J, Stahl K, Zwaan M, Meier S, Hill A, et al. Magnetic resonance imaging volumes of the hippocampus and the amygdala in women with borderline personality disorder and early traumatization. Arch Gen Psychiatry 2000; 57: 1115-22.

Epel, E.S., Crosswell, A.D., Mayer, S.E., Prather, A.A., Slavich, G.M., Puterman, E., Mendes, W.B. (2018). More than a feeling: A unified view of stress measurement for population science. Front. Neuroendocrinol., 49: 146-169

Gartstein MA, Skinner MK. Prenatal influences on temperament development: The role of environmental epigenetics. Dev Psychopathol. 2018 Oct;30(4):1269-1303. doi: 10.1017/S0954579417001730

Gutiérrez García J. M. (1999). Eustrés: un modelo de superación del estrés. Revista PsicologiaCientifica.com, 1(3).

Haq SU, Bhat UA, Kumar A. Prenatal stress effects on offspring brain and behavior: Mediators, alterations, and dysregulated epigenetic mechanisms. J Biosci. 2021;46:34. PMID: 33859069.

Herzberg MP, Gunnar MR. Early life stress and brain function: Activity and connectivity associated with processing emotion and reward. Neuroimage. 2020 Apr 1;209:116493. doi: 10.1016/j.neuroimage.2019.116493..

Lipton, BH (2021). La biología de la creencia. Ed. La esfera de los libros

Madore C, Yin Z, Leibowitz J, Butovsky O. Microglia, Lifestyle Stress, and Neurodegeneration. Immunity. 2020 Feb 18;52(2):222-240. doi: 10.1016/j.immuni.2019.12.003. Epub 2020 Jan 7. PMID: 31924476; PMCID: PMC7234821

Martínez-Sanchis (Coord.). Hormonas, estado de ánimo y función cognitiva. (2007). Delta publicaciones, Madrid.

McEwen, B. S. (2004). Protection and damage from Acute and Chronic Stress. Allostasis and Allostasis Overload and Relevance to the Pathophysiology of Psychiatric Disorders. *Annals New York Academic of Sciences, 1032,* 1 - 7. Doi: 10.1196/annals.1314.001

Mesa-Gresa, P., Moya-Albiol, L. Neurobiología del maltrato infantil: el 'ciclo de la violencia' Rev Neurol 2011; 52 (8): 489-503

Nemeroff CB. Paradise Lost: The Neurobiological and Clinical Consequences of Child Abuse and Neglect. Neuron. 2016 Mar 2;89(5):892-909. doi: 10.1016/j.neuron.2016.01.019. PMID: 26938439.

Richarte V, Rosales K, Corrales M, Bellina M, Fadeuilhe C, Calvo E, et al. El eje intestino-cerebro en el trastorno por déficit de atención/ hiperactividad: papel de la microbiota. Rev Neurol 2018; 66 (Supl 1): S109-14.

Sandi, Venero y Cordero (2001). Estrés memoria y trastornos asociados. Implicaciones en el daño cerebral y el envejecimiento. Editorial Ariel, Barcelona

Skinner, MK. Endocrine disruptor induction of epigenetic transgenerational inheritance of disease. Molecular and cellular endocrinology, 2014; 398 (1-2): 4-12. Doi:S0303-7207(14)00223-8[pii]10.1016/j.mce.2014.07.019. [PubMEd: 25088466]

Soria, V; Uribe, J; Salvat-ujol, N; Palao, D; Menchón, JM. Y Labad, J. (2018). Psiconeuroinmunologia de los trastornos mentales. Rev Psiquiatr Salud Mental, 11(2): 115-124.

Svrakic, DM y Cloninger R. Personality Disorders (2005). EN: Sadocks, Bj y Sadocks, VA(Editores). Kaplan and Sadock's comprehensive textbook of prychitry (8th edition). Philadelphia Lippincot Wiliams and Wilkins(2005).

Teicher MH, Ito Y, Glod CA, Andersen SL, Dumont N, Ackerman E. Preliminary evidence for abnormal cortical development in physically and sexually abused children using EEG coherence and MRI. Ann N Y Acad Sci 1997; 821: 160-75.